HISTOIRE

DES

TROIS RÉVOLUTIONS,

OU

1789, 1830, 1848.

1789. — L'avénement de Louis XVI. — La convocation des états généraux. — Serment du Jeu de Paume. — Prise de la Bastille. — Abolition de la féodalité. — Journée du 10 août. — Convention. — Proclamation de la République. — Mise en jugement de Louis XVI. — Condamnation. — Exécution.

1830. — Combat, périls, héroïsme, victoire. — 26, 27 et 28 juillet 1830. — Expulsion de la branche aînée des Bourbons. — Proclamation de Louis-Philippe.

1848. — Révolution de février. — Prise des Tuileries. — Expulsion de Louis-Philippe. — Proclamation de la République.

Histoire des Journées de juin.

1789.

Quand Louis XVI monta sur le trône, en mai 1774, la Nation était encore divisée en trois ordres : la noblesse, le clergé et le tiers-état ou le peuple. La noblesse et le clergé possédaient encore presque toutes les terres et jouissaient d'une foule de priviléges ; toutes les charges étaient pour le peuple.

Louis XVI, jeune, économe, sans besoins personnels, sans autres passions que la chasse et la serrurerie, veut d'abord réformer les abus et s'occuper du bonheur du peuple.

Mais égaré par une mauvaise éducation, imbu de préjugés, faible, irrésolu, dominé par une reine altière, des frères ambitieux, des courtisans et des prêtres avides, il veut bientôt agir en maître.

L'opinion s'irrite ; la résistance est partout.

Le roi cède.

Les états généraux, supprimés depuis 170 ans, sont convoqués pour le mois de mai 1789. Ils seront composés de 1,200 membres, dont 300 élus par la noblesse, 300 par le clergé, et 600 par le peuple.

Tout est en mouvement à Paris et dans les provinces.

6 millions de citoyens prennent part à l'élection.

Les 1,200 élus arrivent à Versailles.

La discorde éclate aussitôt. — Pendant plus d'un

mois, la cour et l'assemblée négocient sans pouvoir s'accorder. — Le 17 juin, les députés du tiers se déclarent assemblée nationale. Mais le 20, quand ils se présentent à leur salle, ils en trouvent les portes fermées par ordre du roi. Ils se retirent au Jeu de Paume, et jurent de ne se séparer qu'après avoir fait la constitution.

Mais Louis XVI veut rester maître; il appelle à Paris les régiments allemands, les régiments suisses, presque toute l'armée du général de Broglie.

Paris s'insurge. Le peuple court aux armes et se barricade; la garde nationale s'organise; pour la première fois, on arbore une cocarde tricolore, et le 14 juillet, jour d'immortelle mémoire, la Bastille est emportée d'assaut.

« C'est une révolte, dit le roi. » — « Non, sire, répond Larochefoucault, c'est une révolution ! »

Dans la nuit du 4 août, le régime féodal est aboli.

Après avoir terminé la constitution et fait beaucoup de lois organiques, l'Assemblée constituante se dissout le 29 septembre 1791 et fait place à la législative.

Le 10 août 1782, Paris est en insurrection. Les Tuileries sont bloquées par les insurgés. L'Assemblée proclame la suspension du roi, et décide que la nation élira immédiatement une convention nationale.

Le 21 septembre, la convention nationale est réunie à Paris.

Elle décrète immédiatement la déchéance des

4

Bourbons, l'abolition de la royauté et l'établissement de la République.

Elle met le roi en jugement.

L'assemblée se compose de...... 749 membres.
Absents ou refusant de voter..... 28

Votants.... 721

Pour les fers........... 2
Pour la détention ou le bannissement............. 286
Pour la mort avec sursis. 46

344

La mort............... 387

Louis XVI est condamné à mort.

Il est exécuté le 21 janvier 1793.

1830.

Ce fut le mardi 27 que la bataille commença.

Dés le matin, le peuple avait été excité par le déplorable spectacle des journaux confisqués et des presses brisées.

Mais déjà la force armée avait sa consigne et son chef. Elle était persuadée que deux ou trois décharges de mousqueterie soumettraient la France au premier mouvement qu'elle ferait sur les citoyens.

.,... Le Palais-Royal est fermé. Le peuple s'indigne : au lieu de fuir, il marche aux troupes ; quoique sans armes, il résiste, il se bat, il affronte le feu, il se fait tuer, et la rue Saint-Honoré est couverte de sang.

..... Polignac se croit vainqueur... *Gloire à vous !* lui disent les courtisans ; *malheur aux libéraux !* Laissez faire le reste au maréchal Marmont ..... On se félicite, on s'embrasse à Saint-Cloud.

Cependant mercredi, dès le matin, toute la ville est en armes ..... les rangs se forment, les citoyens se cherchent des chefs.

..... Déjà les postes intérieurs sont emportés ; le drapeau tricolore remplace l'autre drapeau ; les corps-de-garde se vident ; les sentinelles ennemies se replient. Les deux armées se trouvent en présence à la place de Grève ; les troupes défendent l'Hôtel de Ville et les citoyens l'attaquent : un instant, les *Français* en sont les maîtres ; l'instant d'après, ce sont les *ennemis ;* il est repris, abandonné et repris plusieurs fois.... C'était une belle journée, une journée de gloire et de triomphe...! Paris se promettait déjà la victoire du lendemain.....

Mais pendant que le peuple, qui venait de se battre, se reposait de ses fatigues, prêt à recommencer dans quelques heures, il y avait dans la ville des hommes qui passaient une nuit horrible : c'étaient les *prévoyants* et les *sages.* Ils se rappelaient les maux qu'entraînent les guerres civiles, le sang, l'anarchie, la famine, les excès de toutes sortes ; ils se rappelaient aussi les *violences des cours,* les *réac-*

tions, les *commissions militaires,* les *prisons, l'exil, l'échafaud ;* ils se figuraient la cour de Saint-Cloud arrivant avec toutes ses forces, et mettant la ville *à feu et à sang ;* ils tremblaient que le peuple ne fût vaincu ce jour-là ; car, s'il était vaincu, ils voyaient *toutes les lois perdues,* le pouvoir *absolu à la place de la charte,* tous les *fruits de la révolution détruits à jamais,* la France *déshonorée et méprisée* comme un peuple conquis, le vieux *despotisme des courtisans et des prêtres* pesant sur elle, tant de grands intérêts livrés à quelques heures de combat.

Cependant le peuple se réveillait et reprenait les armes. Dans ces grands mouvements qui changent le monde, *rien n'est sage comme l'instinct du peuple :* une fois qu'il s'est jeté dans la lice, *laissez-le faire ;* ne l'arrêtez pas par vos prévisions menaçantes, par vos conseils intempestifs ; faites-lui grâce de votre expérience inutile : le peuple saura bien y avoir recours quand il en aura besoin.

...... Toutes les rues étaient barricadées. Sur les boulevards, les barricades se faisaient avec des arbres coupés par le pied ; quelques-uns restaient debout pour être précipités sur les troupes *rebelles...* les pavés étaient portés au sommet des maisons pour servir de projectiles.

Nous sommes au jeudi 29...

...... Dès le matin, la foule s'était emparée de toutes les armes qu'elle avait pu trouver. Elle avait *arraché* aux théâtres toutes les armes destinées aux évolutions d'opéra et de mélodrames. Elle avait *désarmé* les gendarmes, les soldats de la ligne, les vétérans, les pompiers ; *ces braves gens étaient heureux de rendre des armes dont ils ne voulaient pas se servir contre des citoyens.*

Déjà le peuple s'ébranlait pour aller au *Louvre* et aux *Tuileries,* quand un renfort inespéré lui arriva : les élèves de *l'Ecole polytechnique* avaient *forcé les portes de leur école.* Ces braves ont été salués avec transport. — Je suis votre chef, disait l'un, et il montait un cheval blanc. — Général, disait l'autre, je suis votre aide-de-camp, et il se mettait un foulard jaune à la ceinture en guise d'écharpe.

A onze heures, le Louvre était enlevé.— C'est un élève de l'Ecole polytechnique qui l'a pris, c'est un héros de vingt ans....

...... Enfin, à une heure, Paris était vainqueur.... Toute la ligne s'était rendue, toute la gendarmerie, et plusieurs corps de la garde royale....

Jamais, disent les vieillards, ils n'ont rien vu de pareil. Dans la révolution de 89, les combats les plus acharnés du peuple n'ont jamais duré qu'un jour ; et d'ailleurs qu'est-ce que 89 lui-même suivi de 93, comparé aux 27, 28 et 29 juillet ? Ici, *point de proscrits, point de meurtres, point de pouvoir usurpé par le peuple, point de temples profanés,* et, pour célébrer la victoire, des funérailles sans faste, une croix de bois vis-à-vis cette colonnade dont les Parisiens étaient si fiers, que les Suisses les ont forcés de mutiler, et dont ils seront plus fiers que jamais.

(Article des *Débats,* répété dans le *Moniteur* du 3 août.)

1848.

Le 25 février, tout Paris était dans la joie. On savait que le ministère avait donné sa démission; on savait que cette volonté immuable qui, pendant plus de dix-sept ans, avait résisté au pays, avait enfin consenti à faire une concession. Paris s'était répandu sur ses boulevards illuminés comme à ses plus beaux jours de fête. Il semblait qu'une ère nouvelle allait s'ouvrir, car, bien que le nom de M. Molé eût été prononcé comme devant être le pivot de la combinaison ministérielle qui succéderait à la combinaison du 29 octobre, tous les hommes intelligents comprenaient que le mouvement irait au-delà. C'était, d'ailleurs, un fait immense pour la garde nationale d'avoir acquis la conviction qu'elle pourrait défaire un cabinet par la seule force de sa volonté, par la seule pression de l'opinion publique.

Les hommes qui, dans la journée, avaient combattu aux barricades, les avaient quittées le soir pour se jeter au milieu de la foule et prendre leur part de la satisfaction générale. De nombreux rassemblements circulaient sur les boulevards, précédés de drapeaux tricolores et éclairés par des torches dont les brillantes couleurs ajoutaient à la clarté qui tombait à flots de toutes les façades. Ces rassemblements était inoffensifs; les uns chantaient la *Marseillaise*, d'autres le chant des Girondins *Mourir pour la patrie* : tous faisaient entendre le cri de *Vive la réforme!*

L'un de ces rassemblements poussa jusqu'à l'hôtel des affaires étrangères. Il était alors dix heures. Il y arrivait à peine qu'un feu de peloton, exécuté, sans commandement et sans sommation préalable, par un bataillon de troupe de ligne qui gardait l'hôtel, vint coucher par terre cinquante-deux morts ou blessés. C'était un infâme guet-apens, et dire l'exaspération qui éclata alors serait impossible. Le cri *vengeance! aux armes!* retentit d'un bout des Boulevards à l'autre. On ramassa les morts, on porta les blessés dans les maisons voisines. Quelques cadavres furent placés sur un tombereau qui, une heure après, éclairé par des fallots d'une teinte funèbre, arrivait devant les bureaux du *National.* Le cortége fut harangué par M. Garnier-Pagès et par d'autres rédacteurs du *National* qui déclarèrent à la foule qu'un si grand crime ne pouvait rester impuni et donnèrent le premier signal de l'insurrection qui devait éclater le lendemain et se terminer en si peu de temps par la victoire la plus complète. Toute la nuit fut employée à soulever les faubourgs et à construire partout des barricades. Le matin, Paris en était couvert, et la manière dont elles étaient gardées annonçait que le peuple était certain qu'aucune force humaine ne réussirait à les lui enlever.

A midi, le roi était forcé dans son palais des Tuileries, et obligé de fuir à travers les jardins, sous un déguisement et sous la protection de quelques soldats qui le conduisaient par les Champs-Elysées jusqu'à Saint-Cloud. A une heure le peuple avait renouvelé dans la demeure royale toutes les scènes de 1830. Il avait pris possession des Tuileries, et sa vengeance commençait. Hâtons-nous de dire qu'il s'en est tenu aux dévastations, et que la seule chose qu'il ait emportée de cette demeure où ses malédictions retentissaient, ce sont les débris du trône, livrés plus tard aux flammes sur la place de la Bastille.

La chambre des députés s'était réunie, comme si, à cette heure, il y avait encore dans Paris un autre pouvoir que celui du peuple souverain. D'honorables députés de l'extrême gauche lui rappelèrent sa défaite et son néant, en lui disant qu'il n'y avait plus en ce moment qu'un gouvernement provisoire à organiser et un appel à faire au pays. Mme la duchesse d'Orléans, avec M. le comte de Paris et M. le duc de Nemours, assistaient à la séance, sur les bancs où siégent les députés. Il lui avait fallu entendre le rejet des propositions faites en sa faveur par M. Odilon Barrot. Bientôt la salle est envahie. Des hommes du peuple, armés, pénètrent les uns dans l'hémicycle, les autres dans les tribunes. L'alarme est générale. Ces députés, si fiers et si arrogants il y a quelques heures à peine, se sauvent par toutes les portes ; des gardes nationaux entraînent Mme la duchesse d'Orléans et son fils, M. le duc de Nemours échange son uniforme de lieutenant-général contre une tunique de garde national, et bientôt il ne reste plus dans la salle que les députés qui ont accepté et salué la révolution nouvelle, et qui, prenant leurs pouvoirs des nécessités de la situation, s'empressent d'organiser et de proclamer un gouvernement.

A cinq heures, les membres de ce gouvernement, le vénérable Dupont (de l'Eure) en tête, se rendaient à l'hôtel de ville où les acclamations du peuple et de la garde nationale les accueillaient. Ces hommes dévoués se mirent aussitôt à l'œuvre; la soirée et la nuit tout entières ont été consacrées à arrêter des mesures importantes.

On a donné sur la prise des Tuileries différentes versions; le fait nous a semblé assez important pour que nous ayons cherché à en connaître les détails. Les voici aussi exacts et aussi circonstanciés que possible. La 5e légion, ayant son maire, son lieutenant-colonel, deux chefs de bataillon et plusieurs officiers en tête, marchait sur les Tuileries; elle était arrivée à la rue de l'Echelle, lorsque des coups de feu se firent entendre sur la place du Palais-Royal : c'était le poste du Château-d'Eau qui recommençait le combat. A l'instant la légion se précipite au feu, et avec elle les milliers de combattants qui la suivaient.

Dans ce moment, le maréchal Gérard parut avec une branche de verdure à la main, engageant les combattants à cesser le feu. Le poste du Château-d'Eau refusa, et le combat continua. Le maréchal revint au coin de la rue Saint-Honoré; parut alors un officier du château portant en main un papier, c'était l'abdication de Louis-Philippe; la pièce fut prise des mains de l'officier par un lieutenant de la 5e légion, le citoyen Aubert-Roche, et remise, pour être conservée, au citoyen Lagrange, de Lyon. Le feu continuait. Il était à craindre que les troupes renfermées aux Tuileries ne vinssent prendre les combattants par le flanc. Une reconnaissance avait été faite. Il y avait dans l'intérieur des grilles près de 3,000 hommes d'infanterie, six pièces de canon en batterie, et deux escadrons de dragons, sans compter les gardiens armés et quelques gardes municipaux. Cette force, protégée par la grille et l'artillerie, si elle était attaquée, pouvait, sur cette large place, donner lieu à une sanglante bataille; tout était à craindre. Un silence profond régnait, il n'était interrompu que par la fusillade du Palais-Royal et quelques coups de fusil qui s'adressaient déjà aux troupes renfermées dans le château.

On venait d'apprendre que les 1re, 2e, 3e, 4e, 6e et 10e légions cernaient les Tuileries, que les autres étaient en marche. Le combat était imminent. Ce fut alors que le lieutenant Aubert-Roche, s'avançant vers la grille, près de la rue de Rivoli, fit demander le commandant des Tuileries. Celui-ci arriva tout effrayé. — Vous êtes perdus! lui crie le lieutenant; vous êtes cernés, et le combat va s'engager, si vous n'évacuez les Tuileries et ne les livrez pas à la garde nationale.

Le commandant, comprenant la position, fit ranger les troupes en ligne contre le château, sans les faire sortir. Avant, elles étaient échelonnées. Voyant que le mouvement de retraite ne s'opérait pas, le citoyen Aubert-Roche, accompagné du citoyen Lesueur, chef de bataillon du canton de Gagny-Rincy, qui s'était joint à la 5e légion, court à la grille de la rue de Rivoli. Ces deux officiers frappent, s'annoncent en parlementaires; la grille s'ouvre, et tous deux, seuls, le sabre à la main, entrent au milieu de la cour garnie de soldats; le commandant des Tuileries s'avance en disant qu'il a fait retirer les troupes.— Ce n'est pas cela, réplique le lieutenant, il faut évacuer le château, sinon il va arriver malheur.

— Le commandant des Tuileries conduit alors les deux officiers devant le pavillon de l'Horloge, où se trouvaient plusieurs généraux et le duc de Nemours, tous la figure consternée.— Monseigneur, dit le commandant des Tuileries, voici un excellent citoyen qui vous donnera les moyens d'éviter l'effusion du sang.— Que faut-il faire? répond le duc d'une voix tremblante et en s'adressant au lieutenant qui lui était présenté.— Monsieur, il faut évacuer à l'instant même le château, le livrer à la garde nationale, sinon vous êtes perdu. Le combat sera sanglant, les Tuileries sont cernées; la 5e légion, dont je fais partie, se bat en ce moment au Palais-Royal, elle a son maire et ses officiers supérieurs en tête. Prenez garde que le combat cesse avant que ces troupes ne soient parties, sinon la bataille s'engagerait ici même malgré nous.— Vous pensez? répondit le duc, je vais faire retirer les troupes; et, à l'instant, en présence des deux officiers de la garde nationale, il donne l'ordre de retraite.

L'artillerie file par la grille du Palais-Royal; l'état-major et le duc de Nemours par le pavillon de l'Horloge, faisant descendre les escaliers à leurs chevaux ; la cavalerie les suit, puis l'infanterie ; on oublia même de relever les postes, qui restèrent. Lé citoyen Aubert-Roche se charge d'introduire la garde nationale dans le château ; il alla prévenir les gardes nationaux qui se trouvaient alors près de l'état-major.

Ceux-ci mirent la crosse de leurs fusils en l'air, et entrèrent dans la cour des Tuileries par la grille de la rue de Rivoli, accompagnés des curieux, tous fort étonnés de se trouver les maîtres du château. Un quart d'heure après, le combat cessait sur la place du Palais-Royal : les combattants se précipitèrent pour attaquer les Tuileries, mais ils trouvèrent les grilles ouvertes.

Ainsi fut prise ou plutôt rendue cette redoutable forteresse : un garde national fait une sommation au nom du Peuple armé, et la royauté évacue la place.

Journées de juin.

Dès six heures du matin, obéissant au mot d'ordre qu'on savait leur avoir été donné hier, les ouvriers des ateliers nationaux, réunis à un certain nombre d'habitants des faubourgs, se sont portés en bandes immenses sur le Luxembourg, qu'ils ont trouvé gardé ; puis sur l'hôtel de ville qui était gardé aussi. Ils se sont alors répandus dans tout le quartier avoisinant les portes Saint-Denis et Saint-Martin ; ils y ont élevé des barricades, et, au moment où les représentants se rendaient à l'Assemblée, les troupes se massaient pour se porter sur ces points ; le rappel était battu pour toutes les légions dont la convocation avait été réservée.

L'émeute est armée en grande partie, soit parce qu'elle comprend des citoyens gardes nationaux, soit parce qu'elle a, sur son passage, pillé quelques magasins d'armuriers.

A l'heure indiquée, l'Assemblée a pris séance, mais elle écoute d'une oreille distraite les propositions dont la lecture ou les développements se succèdent, interrompus de temps en temps par des communications de petits bouts de rapports annonçant que les barricades ont été pour la plupart enlevées successivement, et démolies, soit par la garde nationale seule, soit par la garde républicaine, soit enfin et tardivement par la troupe de ligne mêlée à la garde nationale. — Des charges, des feux de peloton ont eu lieu sur plusieurs points. Les boulevards et plusieurs rues ont été violemment déblayés, mais les rapports ne disent rien du nombre des victimes, et l'on peut juger seulement que l'insurrection, qui se défend mal, tient encore dans quelques parties de la cité et du quartier Saint-Antoine.

La discussion, reprise sur les chemins de fer, continue: Le citoyen Laurent est à la tribune, et il se fait entendre avec peine. Le projet de rachat semble fort compromis, comme si l'Assemblée, qui crie si volontiers Vive la République ! était jalouse de mettre toujours ses actes en contradiction avec ses paroles. Est-ce peur, est-ce ignorance? C'est un peu l'une, et beaucoup l'autre.....

4 heures. — Il pleut à verse. C'est la seule nouvelle qui nous parvienne, et ce n'est certes pas la plus mauvaise. La dispersion de l'émeute, si elle s'obtient à ce prix, coûtera moins....

4 heures et 16 minutes. — Le général Cavaignac est à la tribune. — Il dit que l'insurrection, commencée dans les quartiers Saint-Denis et Saint-Martin, est entièrement comprimée. — Elle se maintient encore dans la rue Saint-Antoine et une partie de la rue Saint-Jacques, mais les dispositions sont prises pour en venir à bout. — La garde nationale a agi avec résolution; la mobile a dignement détruit les défiances qui s'attachaient à elle. — La garde républicaine, au témoignage du général Bedeau, a été admirable.

Garnier-Pagès succède au ministre de la guerre, et il rend compte de mesures prises par la commission exécutive. Il déclare — et se fait vivement applaudir — qu'*il faut en finir* avec l'émeute, et que c'est bien là la ferme résolution du pouvoir....

Il annonce que la commission, qui était jusque-là en permanence à la présidence, va se rendre sur les lieux du désordre pour voir par elle-même et prendre les dernières mesures plus vigoureuses encore.... (La pluie redouble.)

Grenoble, imprimerie de N. MAISONVILLE, rue du Palais.